Pâtes

SOLAR

Sommaire

Spaghetti et compagnie
Une séduction sous toutes ses formes

Les pâtes, spécialité italienne, peuvent prendre toutes les formes imaginables. On se querelle toujours sur l'origine chinoise ou italienne des pâtes. Une chose est pourtant sûre : les Italiens sont les véritables spécialistes dans ce domaine. Il n'y a pas une jolie forme – coquillage, croissant, oreillette ou escargot – qu'ils n'aient immortalisée par des pâtes. On dit que l'Italie propose plus de 300 sortes de pâtes différentes. Étant donné cette multitude, il n'est pas étonnant que la réponse à la question « Quelle sauce s'harmonise le mieux avec tel type de pâtes » soit une science. Voici la règle fondamentale : plus riche est la sauce, plus larges doivent être les pâtes. Ainsi, les larges pappardelle constituent-elles l'accompagnement idéal des sauces de viande brunes. Les nouilles courtes, comme les penne et les rigatoni, conviennent également bien aux sauces assez riches à la viande ou aux légumes. On peut accommoder les pâtes longues, telles que macaroni et spaghetti, à presque toutes les sauces ; ils restent inégalés accompagnés de sauces aromatiques aux tomates et aux herbes.

LES PAPPARDELLE (à gauche) nous viennent de Toscane et sont les plus larges des pâtes plates.

1 SPAGHETTI veut dire « ficelles ». Ils sont disponibles en différents diamètres et longueurs (30 cm au minimum). On appelle spaghettini ou vermicelle les spaghetti plus fins.

2 LES LASAGNE en semoule de blé dur sont vendues en plaques toutes prêtes. Il en existe une variante verte, colorée aux épinards. Certaines ne nécessitent pas de cuisson préalable.

3 **LES FUSILLI** ressemblent à de petits tire-bouchons qui, grâce à leur forme, se gorgent particulièrement bien de sauces onctueuses.

4 **LES TAGLIATELLE** sont des pâtes classiques de la région de Parme. Plates et plus étroites que les pappardelle, on les colore souvent avec des épinards ou du concentré de tomate et on les conditionne sous forme de nids.

5 **LES CONCHIGLIE**, ou coquillages, s'imprègnent très bien des sauces auxquelles on les marie. Quand elles sont de grande taille, elles sont idéales farcies et gratinées.

6 **LES ROTELLE**, en forme de roues de différentes tailles, enrichissent les soupes.

7 **LES MACARONI** sont de longues pâtes creuses originaires de Naples. On les casse juste avant de les cuire car, entiers, leur dégustation est plutôt difficile.

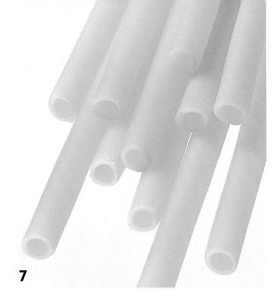

7

LES CANNELLONI sont vendus tout prêts comme les plaques de lasagne. Il faut farcir ces gros tubes de pâtes à volonté, les recouvrir de sauce, puis les faire gratiner.

LES FARFALLE sont en forme en papillon. Les farfalline sont très appréciés dans les soupes.

LES FETTUCCINE, pâtes plates d'environ 1 cm de large, sont la variante romaine des tagliatelle.

LES LINGUINE et **TRENETTE** ressemblent beaucoup aux spaghetti. Cependant, elles ne sont pas rondes, mais légèrement aplaties.

LES PENNE, courts tubes de pâte creux aux extrémités taillées en biseau, ont soit une surface lisse (penne lisce), soit une surface cannelée (penne rigate).

LES RAVIOLI, petits carrés de pâte farcis, sont vendus sous forme fraîche ou sèche. Mais, bien sûr, c'est quand on les fait soi-même qu'ils ont le meilleur goût.

LES RIGATONI et **TORTIGLIONI** sont de courts et épais tubes de pâte creux à surface cannelée. Ils ont un diamètre supérieur aux penne et leurs extrémités sont droites.

6

Pas à pas
Conseils et tours de main

Le choix de pâtes toutes prêtes est immense, mais les vrais amateurs le savent bien : les pâtes faites soi-même sont tout simplement meilleures. Cela représente certes du travail, mais vous serez largement récompensé ! La qualité de la farine est fondamentale pour la préparation des pâtes. Les professionnels utilisent donc de la farine de semoule fine – que l'on trouve dans les épiceries fines italiennes. Si vous préférez les pâtes ayant du corps, mélangez de la semoule de blé dur à la farine. Il faut toujours étaler la pâte le plus finement possible. Jadis, on utilisait un rouleau à pâte et l'huile de coude ; maintenant, on laisse ce travail à une machine. Pour servir des pâtes *al dente*, il ne faut pas seulement respecter le temps de cuisson exact, mais également utiliser une grande quantité d'eau. Comptez environ 1 l d'eau pour 100 g de pâtes. Un filet d'huile dans l'eau empêche cette dernière de déborder lors de la cuisson. Une fois cuites, ne rincez les pâtes à l'eau froide que si vous les utilisez en salade. En effet, cela détruit le film d'amidon qui permet à la sauce de mieux adhérer à la surface des pâtes.

Préparation de la pâte

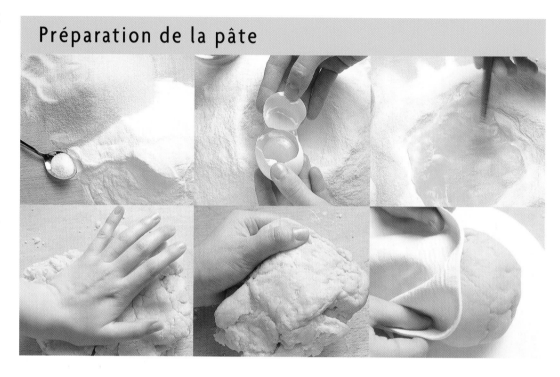

1 Mélangez 150 g de farine (type 405) et 150 g de semoule de blé dur ou 300 g de farine avec 1 demi-cuillerée à café de sel sur le plan de travail.

2 Creusez un puits. Cassez-y 3 œufs et ajoutez une cuillerée à soupe d'huile.

3 Battez les œufs à la fourchette en incorporant un peu de farine sur les bords. Ajoutez éventuellement un peu d'eau.

4 Avec la paume, pétrissez de l'extérieur vers l'intérieur jusqu'à ce que la pâte devienne lisse et malléable.

5 La pâte a la consistance correcte lorsqu'elle se détache facilement du plan de travail et que sa surface est légèrement brillante.

6 Roulez la pâte en boule, couvrez-la d'un linge et laissez-la reposer environ 30 minutes dans un endroit chaud.

Façonnage des pâtes

1 Sur le plan de travail fariné, étalez la boule de pâte au rouleau à partir du centre en une abaisse fine.

2 Si vous utilisez une machine à pâtes, réduisez à chaque fois le réglage des cylindres jusqu'à atteindre l'épaisseur désirée pour la pâte.

3 Farinez légèrement les minces plaques de pâte et laissez-les un peu sécher, éventuellement sur un torchon de cuisine.

4 Coupez des bandes de pâte à la largeur désirée, au couteau ou avec l'élément correspondant de la machine à pâtes.

5 Pour les ravioli, posez de la farce sur chaque demi-plaque de pâte et posez l'autre moitié par-dessus.

6 Pressez la pâte autour de la farce, découpez les ravioli et pincez-en les bords avec une fourchette.

Cuisson des pâtes

1 Faites bouillir environ 1 l d'eau pour 100 g de pâtes dans une grande casserole.

2 Ajoutez une cuillerée à café bombée de sel par litre d'eau. Versez les pâtes.

3 Remuez de temps en temps pendant la cuisson afin que les pâtes ne collent pas.

4 Respectez le temps de cuisson indiqué sur le paquet et goûtez.

5 Dès que les pâtes sont *al dente*, versez-les dans une passoire et laissez-les égoutter.

6 Mélangez immédiatement les pâtes à la sauce désirée ou faites-les réchauffer dans du beurre.

Pâtes en salades

Salade de spaghetti
aux herbes

Voici un en-cas idéal pour les chaudes soirées d'été : les accros de pâtes
se régaleront de cette salade piquante aux herbes fraîches

Pour 4 personnes

250 g de **spaghetti**

Sel

2 **échalotes**

1 bouquet d'**estragon**

1 bouquet d'**aneth**

1 bouquet de **ciboulette**

1 petite **orange** non traitée

200 g de **crème fraîche**

2 c. à s. de jus de **citron**

2 c. à s. d'**huile d'olive**

Poivre du moulin

1 pointe de **poivre de Cayenne**

2 gousses d'**ail**

Préparation

1 Faites cuire les spaghetti *al dente* dans une grande quantité d'eau
bouillante salée selon les instructions figurant sur le paquet. Versez
dans une passoire, rincez à l'eau froide et laissez égoutter.

2 Épluchez les échalotes et coupez-les en petits dés. Lavez les herbes
et secouez-les pour les sécher. Réservez quelques branches d'estragon
pour la décoration et détachez les feuilles des branches restantes.
Détachez également les pointes d'aneth et hachez-les finement avec
l'estragon. Réservez environ 6 brins de ciboulette et hachez le reste.

3 Lavez l'orange à l'eau chaude et séchez-la. Prélevez la moitié du zeste.
Coupez le fruit en deux, pressez-le et, dans un grand saladier, faites
une vinaigrette en mélangeant ce jus avec la crème fraîche, le jus
de citron, l'huile, le sel, le poivre et le poivre de Cayenne. Épluchez
les gousses d'ail, hachez-les et incorporez-les à la sauce.

4 Ajoutez l'aneth et l'estragon hachés ainsi que les rondelles
de ciboulette et les dés d'échalotes à la sauce et mélangez.

5 Versez les spaghetti sur la sauce, mélangez et laissez reposer environ
15 minutes. Décorez avec les herbes réservées et les zestes d'orange.

**Si vous ne possédez pas de zesteur,
épluchez finement l'orange
avec un économe, puis coupez
les morceaux d'écorce en fines lamelles
avec un couteau de cuisine.**

Salade de fusilli

à la trévise

Cette salade raffinée avec de la trévise, du salami et de la mozzarella
sera la star de toutes les fêtes d'été

Pour 4 personnes

250 g de **fusilli**

Sel

100 g de **salami** (en tranches)

6 **piments** verts marinés

4 branches de **céleri**

(avec feuilles)

1 tête de **trévise**

1 boule de **mozzarella** (env. 125 g)

1 **oignon**

4 c. à s. de **vinaigre de vin blanc**

5 c. à s. d'**huile d'olive**

Poivre du moulin

2 gousses d'**ail**

100 g d'**olives** noires

(dénoyautées)

Préparation

1 Faites cuire les fusilli *al dente* dans une grande quantité d'eau bouillante salée selon les instructions figurant sur le paquet. Versez dans une passoire, rincez à l'eau froide et laissez égoutter.

2 Coupez le salami en fines lanières. Rincez les piments et coupez-les en rondelles. Nettoyez et lavez le céleri-branche. Réservez les feuilles pour la décoration et coupez les branches en fines rondelles.

3 Séparez les feuilles de trévise, lavez et essorez. Coupez la mozzarella en petits dés. Coupez l'oignon et hachez-le fin.

4 Mélangez le vinaigre, l'huile, le sel et le poivre dans un grand saladier. Épluchez les gousses d'ail, pressez-les et incorporez-les à la vinaigrette.

5 Ajoutez les lanières de salami, les rondelles de piment et de céleri, les oignons hachés, les olives et la moitié des dés de mozzarella ainsi que les pâtes dans le saladier et mélangez bien.

6 Décorez la salade de pâtes avec les feuilles de trévise et les feuilles de céleri, parsemez avec les dés de mozzarella restants et servez.

Salade de garganelli
au brocoli et au thon

Préparation

1 Faites cuire les garganelli *al dente* dans une grande quantité d'eau bouillante salée selon les instructions figurant sur le paquet.

2 Coupez le thon en gros morceaux. Faites blanchir les bouquets de brocoli environ 7 minutes dans de l'eau bouillante salée, rafraîchissez à l'eau bien froide et laissez égoutter.

3 Lavez les tomates, ôtez le pédoncule et coupez-les en dés. Épluchez l'échalote et l'ail et hachez-les finement.

4 Faites chauffer l'huile dans une poêle et faites-y revenir l'ail et l'échalote sans laisser colorer. Ajoutez les bouquets de brocoli et les dés de tomate et faites brièvement revenir le tout. Versez dans un saladier.

5 Versez les garganelli dans une passoire, égouttez-les et mélangez-les aux brocolis et aux tomates. Salez, poivrez et assaisonnez avec le vinaigre. Incorporez délicatement les morceaux de thon et laissez reposer la salade au moins 30 minutes. Servez avec du parmesan râpé et des lanières de basilic.

Pour 4 personnes

250 g de **garganelli** (ou de penne rigate)

Sel • 1 boîte de **thon** (au naturel)

250 g de bouquets de **brocoli**

250 g de **tomates**

1 **échalote**

1 gousse d'**ail**

3 c. à s. d'**huile d'olive**

Poivre du moulin

1 c. à s. de **vinaigre de vin blanc**

50 g de **parmesan** frais râpé

Quelques feuilles de **basilic**

(coupées en fines lanières)

Pour 4 personnes

350 g de **spaghetti**

Sel

2 **poivrons** rouges

9 c. à s. d'**huile d'olive**

400 g de jeunes **épinards**

80 g d'**olives** noires dénoyautées

2 c. à s. de **vinaigre balsamique**

1 c. à c. de **moutarde**

2 gousses d'**ail** épluchées

Poivre du moulin

Salade de spaghetti
aux épinards

Préparation

1 Faites cuire les spaghetti *al dente* selon les instructions figurant sur le paquet. Versez dans une passoire, rincez à l'eau froide et laissez égoutter.

2 Coupez les poivrons en deux dans le sens de la longueur, épépinez-les, lavez-les et coupez-les en morceaux.

3 Faites chauffer 3 cuillerées à soupe d'huile et faites-y revenir les poivrons.

4 Parez les épinards, lavez-les et faites-les blanchir dans de l'eau bouillante salée. Versez-les dans une passoire, rafraîchissez-les à l'eau très froide et laissez-les bien égoutter. Coupez les olives en deux. Mélangez tous les ingrédients dans un grand saladier.

5 Mélangez le vinaigre avec la moutarde, le sel et l'ail pressé. Incorporez l'huile restante et poivrez. Versez la vinaigrette sur la salade.

Salade de penne
à la sauce verte

La *salsa verde*, la véritable sauce verte en provenance d'Italie,
n'est certes pas aussi connue que le *pesto*, mais elle est tout aussi aromatique

Pour 4 personnes

250 g de **penne rigate**

Sel

1 bouquet de **ciboulette**

1 bouquet de **basilic**

1 bouquet de **persil** plat

Quelques branches d'**origan**

et de **thym**

3 c. à s. de **vinaigre balsamique**

4 c. à s. d'**huile d'olive**

1 c. à c. de **moutarde**

Poivre du moulin

2 gousses d'**ail**

Préparation

1 Faites cuire les penne *al dente* dans une grande quantité d'eau bouillante salée selon les instructions figurant sur le paquet. Versez dans une passoire, rincez à l'eau froide et laissez égoutter.

2 Lavez et égouttez les herbes. Détachez les feuilles des tiges, réservez-en quelques-unes pour la décoration et hachez les autres finement.

3 Dans un grand saladier, mélangez le vinaigre balsamique avec l'huile, la moutarde, le sel et le poivre. Épluchez les gousses d'ail, pressez-les et ajoutez-les à la vinaigrette.

4 Incorporez les herbes hachées dans la vinaigrette. Rectifiez l'assaisonnement si nécessaire.

5 Versez les penne dans le saladier, mélangez-les à la sauce aux herbes et laissez reposer environ 15 minutes. Décorez avec les herbes réservées et servez.

L'arôme des herbes fraîches se développera mieux si vous hachez finement ces dernières à l'aide d'un hachoir. Avec un couteau, vous risquez d'écraser les feuilles.

Salade de spaghetti
à la sauce au thon

Cette salade d'été colorée et rapide à préparer
régalera tous les gourmands, petits et grands

Pour 4 personnes

250 g de **spaghetti**

Sel

500 g de **haricots verts**

4 petits **oignons** nouveaux

1 boîte de **thon** (au naturel)

4 petites **tomates**

2 c. à s. de **vinaigre**

5 c. à s. d'**huile d'olive**

1 c. à c. de **moutarde** forte

2 c. à s. de **crème fraîche**

Poivre du moulin

Sucre

1 c. à s. de **thym** séché

1 **citron**

Préparation

1 Faites cuire les spaghetti *al dente* dans une grande quantité d'eau bouillante salée selon les instructions figurant sur le paquet. Versez dans une passoire, rincez à l'eau froide et laissez égoutter.

2 Cassez les extrémités des haricots et ôtez les fils éventuels. Lavez les haricots, coupez-les en morceaux assez grands et faites-les cuire environ 10 minutes dans une grande quantité d'eau bouillante salée.

3 Nettoyez, lavez et émincez les petits oignons. Égouttez le thon et émiettez-le. Lavez les tomates et coupez-les en quatre.

4 Préparez la vinaigrette en mélangeant le vinaigre, l'huile, la moutarde et la crème fraîche. Salez et poivrez.

5 Versez les haricots dans une passoire, égouttez-les et mélangez-les immédiatement à la vinaigrette. Incorporez le thym, les tomates et le thon.

6 Versez les spaghetti dans un grand plat et nappez-les avec le mélange de thon et de haricots. Coupez le citron en huit et décorez-en la salade.

Salade de tortiglioni
aux calmars

Un petit air de Méditerranée pour cette salade
qui ravivera les souvenirs de vacances ensoleillées

Pour 4 personnes

250 g de **tortiglioni**

(ou macaroni courts)

Sel

2 **poivrons** rouges

1 gousse d'**ail**

4 filets d'**anchois** (à l'huile)

5 c. à s. d'**huile d'olive**

Jus d'un petit **citron**

1 c. à s. d'**origan** séché

Poivre du moulin

450 g de **calmars** (prêts à cuire)

1 bouquet de **basilic**

Préparation

1 Faites cuire les tortiglioni *al dente* dans une grande quantité d'eau bouillante salée selon les instructions figurant sur le paquet. Versez dans une passoire, rincez à l'eau froide et laissez égoutter.

2 Allumez le gril du four. Coupez les poivrons en deux dans le sens de la longueur, nettoyez-les, lavez-les et posez-les, avec la peau vers le haut, sur la grille ou la plaque du four. Faites cuire les demi-poivrons environ 10 minutes à mi-hauteur dans le four jusqu'à ce que leur peau noircisse et gonfle. Laissez-les un peu refroidir, pelez-les et coupez-les en lanières fines et régulières.

3 Épluchez l'ail et mettez-le dans un bol du mixer avec les filets d'anchois, 3 cuillerées à soupe d'huile, le jus de citron et l'origan. Mixez, versez dans un grand saladier et assaisonnez avec un peu de sel et du poivre.

4 Lavez les calmars, épongez-les avec du papier absorbant et coupez-les en rondelles. Faites chauffer le reste d'huile dans une poêle. Faites-y rapidement griller les rondelles de calmars. Salez, poivrez et laissez un peu refroidir. Versez les rondelles de calmars, les lanières de poivrons et les tortiglioni dans un saladier et mélangez bien avec la sauce.

5 Lavez et séchez le basilic. Détachez les feuilles des tiges, réservez-en quelques-unes pour la décoration et hachez le reste finement. Incorporez les feuilles de basilic hachées à la salade. Décorez avec les feuilles de basilic réservées.

Salade de rotelle
à la roquette

Préparation

1 Faites cuire les rotelle *al dente* dans une grande quantité d'eau bouillante salée selon les instructions figurant sur le paquet. Versez dans une passoire en conservant une tasse d'eau de cuisson, rincez à l'eau froide et laissez égoutter.

2 Coupez le fromage et le salami en petits dés et mélangez-les aux pâtes.

3 Mélangez la mayonnaise, la moutarde, le sel et le poivre. Ajoutez le jus de citron, le raifort, le vinaigre et l'huile. Incorporez la vinaigrette à la salade, ajoutez la tasse d'eau de cuisson des pâtes et laissez reposer environ 30 minutes.

4 Juste avant de servir, nettoyez, lavez et essorez les feuilles de roquette. Hachez les feuilles grossièrement et incorporez-les à la salade de pâtes.

Pour 4 personnes

250 g de **rotelle rigate**

Sel

1 boule de **mozzarella**

80 g de **salami**

4 c. à s. de **mayonnaise**

1 c. à c. de **moutarde aux herbes**

Poivre du moulin

Jus de 1 **citron**

1 c. à s. de **raifort** râpé

1 c. à s. de **vinaigre balsamique**

1 c. à s. d'**huile de noix**

1 bouquet de **roquette**

Pour 4 personnes

350 g de **farfalle**

Sel

4 grosses **tomates**

200 g de **mozzarella**

10 **olives** noires dénoyautées

1 bouquet de **basilic**

5 c. à s. d'**huile d'olive**

2 gousses d'**ail**

Poivre du moulin

Salade de farfalle
aux tomates et aux olives

Préparation

1 Faites cuire les farfalle *al dente* dans une grande quantité d'eau bouillante salée selon les instructions figurant sur le paquet. Versez dans une passoire, rincez à l'eau froide et laissez égoutter.

2 Ébouillantez, pelez, épépinez les tomates et coupez-les en petits dés. Coupez également la mozzarella en petits dés. Coupez les olives en quatre. Lavez et séchez le basilic, détachez les feuilles et coupez-les en fines lanières.

3 Faites chauffer l'huile dans une sauteuse et faites-y dorer les gousses d'ail épluchées. Retirez l'ail de la poêle.

4 Faites brièvement sauter les farfalle dans l'huile de la poêle et versez-les dans un grand saladier. Ajoutez les dés de tomates et de mozzarella, les morceaux d'olives et le basilic et mélangez bien. Salez et poivrez.

Salade de spaghetti
aux crevettes

Une touche de luxe : Les fines crevettes
de cette composition originale sauront enchanter les palais délicats

Pour 4 personnes

250 g de **spaghetti**

Sel

2 **avocats**

Jus de 1 **citron**

1 gousse d'**ail**

2 c. à s. d'**huile d'olive**

Poivre du moulin

1 **piment** rouge

250 g de **crevettes** (cuites)

3 c. à c. de **grains de poivre vert**

en saumure

Préparation

1 Faites cuire les spaghetti *al dente* dans une grande quantité d'eau bouillante salée selon les instructions figurant sur le paquet. Versez dans une passoire, rincez à l'eau froide et laissez égoutter.

2 Coupez les avocats en deux dans le sens de la longueur et ôtez leur noyau. Pelez les demi-avocats et coupez-les encore en deux. Arrosez un quartier d'avocat d'un peu de jus de citron et réservez-le au réfrigérateur.

3 Épluchez l'ail et mixez-le avec le reste des avocats, l'huile et le jus de citron restant. Versez la sauce aux avocats dans un grand saladier, salez et poivrez.

4 Mélangez les spaghetti à la sauce et laissez reposer brièvement. Entre-temps, coupez le piment en deux dans le sens de la longueur, épépinez-le, lavez-le et coupez-le en fines lanières.

5 Rincez les crevettes à l'eau froide et épongez-les sur du papier absorbant. Incorporez les lanières de piment, les grains de poivre vert et les crevettes aux pâtes.

6 Coupez le quartier d'avocat réservé en tranches pour décorer la salade de pâtes.

Le poivre vert est fait de baies de poivre cueillies avant maturité. Il est plus doux que le poivre noir et s'achète en saumure ou lyophilisé.

Pâtes aux légumes
et au fromage

Spaghetti
aux champignons

Voici une combinaison **originale** : différentes sortes de champignons et menthe **fraîche** raviront votre palais

Pour 4 personnes

600 g de **champignons** frais

mélangés (selon la saison,

champignons shiitake, de Paris,

pleurotes, girolles ou cèpes)

3 brins de **menthe**

Sel

400 g de **spaghetti**

2 **échalotes**

4 c. à s. d'**huile d'olive**

1 gousse d'**ail**

Poivre du moulin

Préparation

1 Essuyez les champignons avec du papier absorbant et lavez-les si nécessaire. Laissez les petits champignons entiers ou coupez-les en deux. Pour les champignons plus gros, séparez le pied du chapeau et émincez-le. Coupez le chapeau transversalement en tranches.

2 Lavez la menthe, égouttez-la et détachez les feuilles des tiges. Réservez quelques feuilles pour la décoration et hachez les autres finement.

3 Faites bouillir une grande quantité d'eau, salez et faites cuire les spaghetti *al dente* selon les instructions figurant sur le paquet.

4 Entre-temps, pelez et hachez finement les échalotes. Faites chauffer l'huile dans une poêle et faites revenir les échalotes sans laisser colorer. Ajoutez les champignons et faites cuire à feu vif.

5 Épluchez la gousse d'ail, pressez-la. Ajoutez-la avec la menthe hachée aux champignons et faites cuire le tout quelques minutes à feu doux. Salez et poivrez.

6 Versez les spaghetti dans une passoire, laissez-les égoutter, puis incorporez-les aux champignons dans un plat de service préchauffé. Décorez avec les feuilles de menthe réservées.

Pappardelle

à la sauce au gorgonzola

Vous avez envie de créations originales ? Vous redécouvrirez ici
le mariage de la poire et du gorgonzola, un classique de la cuisine italienne

Pour 4 personnes

500 g de **céleri-branche**

(avec feuilles)

2 c. à s. de **beurre**

Sel

400 g de **pappardelle**

250 g de **gorgonzola**

200 g de **crème fraîche**

Poivre du moulin

4 c. à s. de **pignons**

1 petite **poire**

(Williams, par exemple)

Préparation

1 Nettoyez et lavez le céleri-branche. Coupez les tiges en fines rondelles obliques et réservez les feuilles pour la décoration.

2 Faites chauffer le beurre dans une cocotte et faites-y revenir les rondelles de céleri à feu moyen pendant environ 5 minutes.

3 Faites bouillir une grande quantité d'eau, salez et faites cuire les pappardelle *al dente* selon les instructions figurant sur le paquet.

4 Coupez le gorgonzola en petits dés, réservez-en quelques-uns et ajoutez les autres ainsi que la crème au céleri. Faites brièvement bouillir, puis faites fondre le fromage à feu doux en remuant. Laissez mijoter brièvement la sauce. Salez et poivrez bien.

5 Faites dorer les pignons dans une poêle sans matière grasse. Lavez la poire, coupez-la en deux, enlevez-en le cœur et coupez-la en bâtonnets.

6 Versez les pappardelle dans une passoire et laissez-les égoutter. Mélangez-les dans un plat préchauffé avec la sauce au gorgonzola et les bâtonnets de poire, parsemez avec les pignons grillés et les morceaux de gorgonzola réservés. Décorez avec les feuilles de céleri et saupoudrez de poivre du moulin.

La sauce sera encore plus piquante si vous utilisez du roquefort plus relevé au lieu du gorgonzola. Si vous préférez un mets plus doux, utilisez plutôt du gorgonzola crémeux mélangé avec du mascarpone.

Macaroni
aux épinards et à la ricotta

Préparation

1 Parez et lavez les épinards. Faites-les rapidement blanchir dans de l'eau bouillante salée, égouttez-les en pressant bien et hachez-les grossièrement.

2 Faites bouillir une grande quantité d'eau, salez et faites cuire les macaroni *al dente* selon les instructions figurant sur le paquet.

3 Entre-temps, faites chauffer l'huile dans une cocotte et faites rapidement revenir les épinards et l'ail hachés. Salez, poivrez et assaisonnez de noix muscade.

4 Ajoutez les raisins secs aux épinards et faites rapidement cuire le tout à l'étuvée. Faites dorer les pignons dans une poêle sans matière grasse.

5 Versez les macaroni dans une passoire et laissez-les égoutter. Dans un plat préchauffé, mélangez-les avec le beurre et les épinards.

6 Ajoutez les pignons et la ricotta coupée en gros dés et mélangez à nouveau.

34

Pour 4 personnes

450 g de jeunes **épinards**

Sel

2 c. à s. d'**huile d'olive**

2 gousses d'**ail** épluchées

Poivre du moulin

1 pincée de **noix muscade** fraîchement râpée

400 g de **macaroni**

50 g de **raisins secs**

3 c. à s. de **pignons**

1 c. à s. de **beurre**

150 g de **ricotta**

Pour 4 personnes

150 g de **lard fumé**

100 g d'**olives** noires dénoyautées

1 **échalote**

Sel

400 g de **pappardelle**

2 c. à s. d'**huile d'olive**

1 gousse d'**ail**

3 brins de **basilic**

1 c. à c. de **fécule**

10 cl de **bouillon de légumes**

100 g de **parmesan** fraîchement râpé

Poivre du moulin

Pappardelle
aux olives et au basilic

Préparation

1 Coupez le lard en dés. Émincez les olives. Épluchez l'échalote et hachez-la finement.

2 Faites bouillir une grande quantité d'eau, salez et faites cuire les pappardelle *al dente* selon les instructions figurant sur le paquet.

3 Faites chauffer l'huile et faites revenir les échalotes sans laisser colorer. Ajoutez le lard et laissez dorer.

4 Épluchez l'ail, pressez-le dans la poêle. Incorporez les olives et les feuilles de basilic lavées et hachées.

5 Dans une tasse, mélangez la fécule avec le bouillon de légumes. Incorporez ce mélange à la sauce et amenez à ébullition. Ajoutez le parmesan, mélangez. Salez et poivrez. Versez les pappardelle dans une passoire et laissez égoutter. Dressez-les dans un plat, versez la sauce et mélangez.

Fettuccine
aux poivrons

Cette spécialité sicilienne, poivrons multicolores et herbes fraîches,

fera briller le soleil à votre table

Pour 4 personnes

2 **poivrons** jaunes

2 **poivrons** rouges

2 gousses d'**ail**

1 bouquet de **persil** plat

1 bouquet de **basilic**

Sel

400 g de **fettuccine**

(ou tagliatelle)

1 c. à s. de **beurre**

1/8 l de **bouillon de légumes**

1/8 l de **vin blanc** sec

2 c. à s. de **vinaigre balsamique**

Poivre du moulin

Préparation

1 Coupez les poivrons en deux dans le sens de la longueur, épépinez-les, lavez-les et émincez-les. Épluchez l'ail et hachez-le finement.

2 Lavez le persil et le basilic, secouez-les pour les sécher et détachez les feuilles des tiges. Réservez quelques feuilles de basilic pour la décoration et hachez le reste finement.

3 Faites bouillir une grande quantité d'eau, salez et faites cuire les fettuccine *al dente* selon les instructions figurant sur le paquet.

4 Entre-temps, faites chauffer le beurre dans une grande poêle et faites rapidement revenir l'ail et les lamelles de poivrons. Ajoutez le bouillon de légumes et le vin blanc et laissez cuire 8 minutes environ. Assaisonnez les poivrons de vinaigre balsamique, salez et poivrez.

5 Versez les fettuccine dans une passoire et laissez égoutter. Mélangez-les aux poivrons dans la poêle et faites rapidement réchauffer. Incorporez les herbes hachées. Versez dans un plat et décorez avec les feuilles de basilic réservées.

Le vinaigre balsamique, parfumé et longuement vieilli, est excellent dans les vinaigrettes de salades mais il donne également un arôme incomparable aux sauces aux légumes.

Farfalle
sauce à l'oseille

Fantaisie de pâtes en vert et blanc : l'oseille et les pâtes en papillons se marient en un original plat de printemps

Pour 4 personnes

1 **concombre**

50 g d'**oseille**

Sel

400 g de **farfalle**

2 c. à s. de **beurre**

4 c. à s. de **pistaches** décortiquées

150 g de **yaourt** au lait entier

2 c. à s. de **jus de citron vert**

Poivre du moulin

1 **citron vert** non traité

Préparation

1 Lavez le concombre, coupez-le en deux dans le sens de la longueur et épépinez-le si besoin. Coupez-le en fines tranches. Lavez et séchez l'oseille. Réservez-en quelques feuilles et coupez le reste en très fines lanières.

2 Faites bouillir une grande quantité d'eau, salez et faites cuire les farfalle *al dente* selon les instructions figurant sur le paquet.

3 Faites chauffer le beurre dans une grande poêle et faites revenir le concombre pendant 5 minutes. Hachez les pistaches dans un hachoir électrique. Mélangez-les au yaourt et au jus de citron vert et incorporez ce mélange au concombre. Salez et poivrez bien.

4 Versez les farfalle dans une passoire, laissez égoutter et mélangez à la sauce au yaourt. Dressez sur des assiettes avec les feuilles d'oseille réservées et parsemez de lanières d'oseille. Lavez le citron vert à l'eau chaude, séchez-le et coupez-le en quartiers. Décorez-en les farfalle et parsemez éventuellement de quelques lanières de zeste de citron vert.

Les lanières d'oseille dégageront encore mieux leur arôme fin et rafraîchissant si vous les faites brièvement revenir dans de l'huile très chaude avant de servir.

Penne
au pesto

Préparation

1 Pour le pesto, lavez le basilic, séchez-le et détachez les feuilles des tiges. Épluchez 3 gousses d'ail et coupez-les en deux. Réservez quelques feuilles de basilic pour la décoration et hachez les autres avec l'ail et les pignons au mixer. Ajoutez 50 g de parmesan et une pincée de sel, puis peu à peu 10 cl d'huile en mélangeant intimement.

2 Faites bouillir une grande quantité d'eau, salez et faites cuire les penne *al dente* selon les instructions figurant sur le paquet.

3 Lavez les tomates et coupez-les en petits dés. Faites chauffer le reste d'huile dans une grande cocotte et faites revenir les tomates. Épluchez la dernière gousse d'ail, pressez-la et ajoutez-la aux tomates. Incorporez 6 cuillerées à soupe de pesto. Salez, poivrez.

4 Versez les penne dans une passoire et laissez-les égoutter. Versez-les sur les tomates et faites réchauffer rapidement. Dressez dans un plat, parsemez avec le parmesan restant et décorez avec les feuilles de basilic.

Pour 4 personnes

3 bouquets de **basilic**

4 gousses d'**ail**

100 g de **pignons**

75 g de **parmesan** fraîchement râpé

Sel

1/8 l d'**huile d'olive**

500 g de **penne**

6 **tomates**

Poivre du moulin

Pour 4 personnes

6 petits **oignons** nouveaux

1 **citron** non traité

Sel

400 g de **spaghetti**

1 c. à s. de **beurre**

150 g de **fromage de chèvre**

200 g de **crème fraîche**

Poivre du moulin

Spaghetti
au fromage de chèvre

Préparation

1 Parez et lavez les petits oignons. Coupez-en la moitié en rondelles et le reste en fines lanières.

2 Lavez le citron à l'eau chaude et coupez-le en deux. Pressez-en la moitié et coupez l'autre moitié en fines rondelles.

3 Faites cuire les spaghetti *al dente* selon les instructions figurant sur le paquet.

4 Entre-temps, faites chauffer le beurre dans une poêle et faites revenir les lanières d'oignon. Coupez le fromage en gros dés et réservez-en trois cuillerées à soupe. Mixez le fromage restant avec la crème fraîche et 1 cuillerée à soupe de jus de citron. Versez cette crème dans la poêle, mélangez et laissez un peu mijoter. Salez et poivrez la sauce, versez-la sur les spaghetti égouttés et décorez avec les rondelles d'oignon, de citron et les cubes de fromage.

Spaghettini
aux tomates séchées

Les tomates séchées au soleil et le pourpier frais

confèrent un goût unique à ce plat de pâtes raffiné

Pour 4 personnes

400 g de petits **oignons** nouveaux

3 gousses d'**ail**

200 g de **tomates séchées**

(à l'huile)

Sel

400 g de **spaghettini**

2 c. à s. d'**huile d'olive**

Poivre du moulin

80 g de **pourpier**

50 g de **pecorino**

Préparation

1 Parez et lavez les petits oignons. Coupez-les en fines rondelles.

2 Épluchez les gousses d'ail et hachez-les finement. Épongez les tomates séchées sur du papier absorbant et coupez-les en fines lanières.

3 Faites bouillir une grande quantité d'eau, salez et faites cuire les spaghettini *al dente* selon les instructions figurant sur le paquet.

4 Entre-temps, faites chauffer l'huile dans une grande cocotte et faites revenir l'ail, les tomates séchées et les petits oignons environ 8 minutes. Salez et poivrez.

5 Lavez le pourpier, séchez-le et détachez les feuilles. Versez les spaghettini dans une passoire et laissez égoutter. Ajoutez-les aux tomates dans la cocotte et réchauffez-les rapidement. Pour servir, décorez avec le pourpier et des copeaux de pecorino.

N'utilisez que des feuilles de pourpier bien fraîches que vous ne ferez pas cuire. Cette herbe ayant un goût un peu salé, soyez prudent lorsque vous assaisonnez la sauce.

Penne à la sauce
au fromage et aux herbes

Préparation

1 Lavez et séchez le persil. Détachez les feuilles des tiges, réservez-en quelques-unes pour la décoration et hachez le reste grossièrement. Épluchez la gousse d'ail et coupez-la en deux. Mixez l'ail, le persil et les pignons avec le jus de citron et 3 cuillerées à soupe d'huile pour obtenir une fine pâte.

2 Faites bouillir une grande quantité d'eau, salez et faites cuire les penne *al dente* selon les instructions figurant sur le paquet.

3 Entre-temps, râpez grossièrement le gouda et incorporez-le avec la crème fraîche à la sauce aux herbes. Salez et poivrez pour bien relever. Faites frire les feuilles de persil réservées 1 minute dans 4 cuillerées à soupe d'huile.

4 Versez les penne dans une passoire, laissez-les égoutter et mélangez-les immédiatement avec la sauce au fromage et aux herbes. Versez dans un plat et décorez avec les brins de ciboulette et les feuilles de persil frites.

44

Pour 4 personnes

1 gros bouquet de **persil** plat

1 gousse d'**ail**

1 c. à s. de jus de **citron**

7 c. à s. d'**huile d'olive**

3 c. à s. de **pignons**

Sel

400 g de **penne**

100 g de **gouda** demi-étuvé

2 c. à s. de **crème fraîche**

Poivre du moulin

Quelques brins de **ciboulette**

Pour 4 personnes

250 g de **lentilles** blondes

2 **tomates** • 1 **carotte**

1 branche de **céleri**

4 c. à s. d'**huile d'olive**

1 **oignon** (en petits dés)

1 **piment** vert (en fines lanières)

2 gousses d'**ail** hachées

1/8 l de **vin blanc** sec

Sel • **Poivre** du moulin

2 c. à s. de **vinaigre balsamique**

400 g de **linguine** (ou spaghetti)

1 bouquet de **roquette**

Linguine
aux lentilles

Préparation

1 Lavez les lentilles, couvrez-les d'eau et laissez-les tremper une nuit. Conservez l'eau de trempage.

2 Lavez, pelez les tomates et la carotte et coupez-les en dés. Lavez la branche de céleri et coupez-la en fines rondelles. Faites chauffer l'huile et faites revenir les dés d'oignon, les lanières de piment et l'ail. Ajoutez les lentilles avec leur eau et le vin. Laissez mijoter le tout pendant 30 minutes. Ajoutez les légumes préparés

10 minutes avant la fin du temps de cuisson. Salez, poivrez et assaisonnez avec le vinaigre balsamique.

3 Faites cuire les linguine *al dente* dans une grande quantité d'eau bouillante salée selon les instructions figurant sur le paquet. Nettoyez, lavez et essorez la roquette. Versez les linguine dans une passoire, laissez-les égoutter, puis, dans un plat de service préchauffé, mélangez les pâtes, les lentilles et la roquette.

Spaghetti
au basilic

Simplissimo ! Une huile savoureuse, parfumée aux herbes et à l'ail, et un fromage
piquant garantissent un goût sans pareil à cette recette venue de Campanie

Pour 4 personnes

500 g de **spaghetti**

Sel

1 gros bouquet de **basilic**

2 gousses d'**ail**

8 c. à s. d'**huile d'olive**

Poivre du moulin

50 g de **pecorino**

Préparation

1 Faites cuire les spaghetti *al dente* dans une grande quantité d'eau
bouillante salée selon les instructions figurant sur le paquet.

2 Lavez et égouttez le basilic. Détachez les feuilles, réservez-en
une vingtaine pour la décoration et coupez les autres en fines
lanières. Épluchez les gousses d'ail.

3 Entre-temps, faites chauffer 4 cuillerées à soupe d'huile dans
une poêle et faites brièvement revenir les lanières de basilic.
Pressez l'ail dans la poêle.

4 Versez les spaghetti dans une passoire et faites-les égoutter.
Ajoutez-les dans la poêle et mélangez bien. Salez et poivrez.

5 Faites chauffer le reste d'huile dans une seconde poêle et faites
frire 1 minute les feuilles de basilic réservées. Épongez-les
sur du papier absorbant et versez l'huile sur les spaghetti.

6 Dressez les spaghetti avec les feuilles de basilic frites sur un plat
et parsemez de copeaux de pecorino découpés avec un économe.

**Les feuilles d'herbes aromatiques frites ont un arôme
bien particulier et mettent la dernière touche
à de nombreux mets. Goûtez, par exemple,
des feuilles de sauge que vous aurez trempées
dans de la pâte puis frites.**

Pappardelle
à la sauce tomate et à la roquette

La sauce tomate se prépare au dernier moment
avec des tomates bien mûres pour un goût inimitable

Pour 4 personnes

300 g de **roquette**

1 kg de **tomates** bien mûres

150 g d'**oignons**

2 gousses d'**ail**

Sel

400 g de **pappardelle**

3 c. à s. d'**huile d'olive**

2 c. à s. de **vinaigre balsamique**

Poivre du moulin

1/2 c. à c. de **sucre**

50 g de **parmesan**

2 c. à s. de **ricotta**

Préparation

1 Nettoyez, lavez et essorez la roquette. Lavez, ébouillantez, pelez et épépinez les tomates, puis coupez-les en dés.

2 Épluchez les oignons et les gousses d'ail. Hachez-les finement.

3 Faites bouillir une grande quantité d'eau, salez et faites cuire les pappardelle *al dente* selon les instructions figurant sur le paquet.

4 Entre-temps, faites chauffer l'huile dans une poêle et faites revenir l'ail et les oignons sans laisser colorer. Ajoutez les tomates et laissez cuire pendant environ 8 minutes. Assaisonnez avec le vinaigre balsamique, le sel, le poivre et le sucre et tenez au chaud.

5 Coupez le parmesan en copeaux fins à l'aide d'un économe et écrasez grossièrement la ricotta.

6 Versez les pappardelle dans une passoire et laissez-les égoutter. Mélangez-les à la sauce tomate, incorporez les feuilles de roquette et parsemez de ricotta et de copeaux de parmesan.

Le parmesan fabriqué à Parme et à Reggio est le plus vieux fromage italien. Il faut le râper au dernier moment. Son goût particulier ne peut être remplacé par du gruyère.

Nouilles fraîches
au safran

Préparation

1 Mélangez la farine, les jaunes d'œuf, les œufs, une demi-cuillerée à café de sel, le safran et 1 cuillerée à soupe d'eau chaude et pétrissez en une pâte homogène (voir p. 8). Roulez la pâte en boule et laissez-la reposer pendant au moins 30 minutes.

2 Entre-temps, lavez les légumes. Détachez les bouquets de brocoli, épluchez les tiges. Coupez la courgette en petits morceaux. Parez les pois gourmands. Épluchez les asperges et coupez-les en trois.

3 Faites chauffer une grande quantité d'eau salée dans une casserole et faites-y blanchir les légumes les uns après les autres. Rafraîchissez à l'eau froide et égouttez.

4 Étalez la pâte en une abaisse fine et découpez-y de larges bandes. Faites cuire les pâtes *al dente* puis égouttez-les. Faites fondre le beurre dans une casserole et faites revenir les légumes quelques minutes. Versez le bouillon et ajoutez le safran. Salez et poivrez. Incorporez les pâtes, la ciboulette et le parmesan.

50

Pour 4 personnes

350 g de **farine de blé** (type 405)

4 **jaunes d'œuf** • 2 **œufs**

Sel • 1 pointe de **safran** moulu

150 g de **brocoli** • 1 petite **courgette**

100 g de **pois gourmands**

100 g d'**asperges** vertes • 4 c. à s. de **beurre**

6 à 8 c. à s. de **bouillon de légumes**

1 dose de filaments de **safran**

Poivre du moulin

Quelques brins de **ciboulette**

50 g de **parmesan** fraîchement râpé

Pour 4 personnes

6 jeunes petits **artichauts**

Jus d'un demi-**citron**

Sel

400 g de **penne rigate**

3 c. à s. d'**huile d'olive**

1 gousse d'**ail** épluchée

2 c. à s. de **beurre**

5 c. à s. de **vin blanc** sec

Poivre du moulin

2 c. à s. de **persil** haché fin

50 g de **parmesan** fraîchement râpé

Penne
aux artichauts

Préparation

1 Ôtez les feuilles extérieures des artichauts, cassez la tige et épointez les feuilles avec un couteau bien tranchant. Retirez le foin avec une petite cuillère et coupez les artichauts en rondelles. Mettez aussitôt les rondelles dans un récipient d'eau citronnée afin qu'elles ne noircissent pas.

2 Faites cuire les penne *al dente* selon les instructions figurant sur le paquet.

3 Entre-temps, faites chauffer l'huile dans une poêle et faites dorer l'ail. Ôtez l'ail. Faites dorer les artichauts à feu vif, ajoutez le beurre et le vin blanc. Couvrez et laissez mijoter à feu doux quelques minutes.

4 Salez et poivrez. Incorporez les penne bien égouttées ainsi que le persil haché. Mélangez bien et parsemez de parmesan.

Spaghetti

aux asperges vertes

Effet assuré avec cette recette simple et rapide aux asperges vertes
dans une sauce onctueuse, vous gâterez famille et invités

Pour 4 personnes

1 kg d'**asperges** vertes

2 **échalotes**

Sel

400 g de **spaghetti**

2 c. à s. de **beurre**

20 cl de **bouillon de légumes**

200 g de **mascarpone**

Poivre du moulin

1 barquette de **cresson**

Préparation

1 Lavez les asperges, épluchez-en le tiers inférieur et coupez-les
en tronçons de 4 cm environ. Épluchez les échalotes et hachez-les
finement.

2 Faites bouillir une grande quantité d'eau, salez et faites cuire
les spaghetti *al dente* selon les instructions figurant sur le paquet.

3 Faites chauffer le beurre dans une cocotte et faites revenir
les échalotes sans laisser colorer. Ajoutez les asperges et faites
revenir brièvement. Ajoutez le bouillon de légumes et incorporez
le mascarpone. Laissez mijoter 10 minutes environ. Salez et
poivrez.

4 Versez les spaghetti dans une passoire, laissez-les égoutter
et mélangez-les à la sauce.

5 Rincez le cresson, coupez-en les feuilles et incorporez-les
aux spaghetti ou bien décorez les spaghetti avec de petits
bouquets de cresson.

**Vous pouvez remplacer le mascarpone
par du fromage frais double crème.
Votre sauce aura encore plus de piquant
si vous utilisez du fromage frais
aux fines herbes, au poivre noir ou au raifort.**

Spaghetti
à la sicilienne

Saveurs du sud de l'Italie : les poivrons braisés sont relevés d'une fine note
de vinaigre balsamique et le pecorino apporte une note piquante

Pour 4 personnes

Poivrons rouges, verts

et jaunes : 200 g de chaque

250 g d'oignons blancs

4 c. à s. d'huile d'olive

3 c. à s. de vinaigre de vin rouge

250 g de tomates pelées

(en conserve)

1 c. à s. de vinaigre balsamique

Sucre • Sel

Poivre du moulin

400 g de spaghetti

4 c. à s. de câpres

100 g de pecorino

Préparation

1 Coupez les poivrons en deux dans le sens de la longueur,
épépinez-les, lavez-les et coupez-les en losanges d'environ 2 cm.
Épluchez les oignons et coupez-les en larges rondelles.

2 Faites chauffer l'huile dans une grande cocotte. Faites revenir
les oignons et les poivrons quelques minutes. Ajoutez le vinaigre
de vin rouge et les tomates et concassez grossièrement
les tomates avec une fourchette. Assaisonnez les légumes avec
le vinaigre balsamique, 1 pincée de sucre, du sel et du poivre.
Laissez mijoter les légumes à feu doux.

3 Faites bouillir une grande quantité d'eau, salez et faites cuire
les spaghetti *al dente* selon les instructions figurant sur le paquet.

4 Après 15 minutes de cuisson des légumes, ajoutez les câpres
et mélangez. Laissez cuire à feu très doux

5 Coupez le pecorino en copeaux fins à l'aide d'un économe.
Versez les spaghetti dans une passoire et laissez-les égoutter.
Mélangez-les aux légumes et décorez avec les copeaux
de pecorino et des branches de thym frais.

La sauce aux légumes aura encore
plus d'arôme si vous coupez en petits dés
et incorporez des tomates marinées
dans de l'huile. Si vous aimez les plats
épicés, ajoutez un piment rouge haché.

Pâtes au poisson ou à la viande

Lasagne
aux crevettes

Voici un plat de pâtes pour les grandes occasions avec des couches de crevettes savoureuses dans une fine sauce au vin blanc que vous superposez au tout dernier moment

Pour 4 personnes

4 grosses **carottes**

1 botte de petits **oignons**

nouveaux

3 c. à s. de **beurre**

500 g de **crevettes** (cuites)

Sel

Poivre du moulin

8 plaques de **lasagne**

1 c. à s. d'**huile végétale**

2 **échalotes**

25 cl de **vin blanc** sec

200 g de **crème fraîche**

Jus de 1 demi-**citron**

Préparation

1 Épluchez et lavez les carottes. Nettoyez et lavez les petits oignons. Coupez les carottes en rondelles ou en petits dés et les petits oignons en rondelles obliques. Faites chauffer 2 cuillerées à soupe de beurre dans une cocotte et faites revenir les légumes qui doivent rester croquants.

2 Rincez les crevettes à l'eau froide et épongez-les. Ajoutez-les aux légumes et laissez cuire brièvement. Salez et poivrez bien. Gardez au chaud.

3 Faites cuire les lasagne dans une grande quantité d'eau bouillante salée à laquelle vous ajoutez une cuillerée à soupe d'huile (même les lasagne ne nécessitant pas de cuisson préalable). Retirez une à une les plaques de l'eau à l'aide d'une écumoire et laissez-les égoutter côte à côte sur du papier absorbant.

4 Épluchez les échalotes et hachez-les finement. Faites-les revenir dans une cuillerée à soupe de beurre, mouillez avec le vin blanc et laissez réduire de moitié. Incorporez la crème fraîche et laissez à nouveau mijoter 2 minutes. Salez, poivrez et ajoutez le jus de citron.

5 Coupez les plaques de lasagne en deux et superposez 4 demi-plaques de lasagne en alternance avec les crevettes, les légumes et la sauce aux échalotes, sur des assiettes préchauffées.

Conchiglie
à la truite fumée

Tout simplement irrésistible : la combinaison du pastis, du fenouil et de la truite fumée transforme de simples pâtes en un plat raffiné pour les gourmets

Pour 4 personnes

2 poireaux

1 bulbe de **fenouil**

1 bouquet d'**estragon**

Sel

400 g de **conchiglie**

2 c. à s. de **beurre**

4 c. à s. de **pastis**

6 c. à s. de **crème fraîche**

4 filets de **truite fumée**

(env. 500 g)

Poivre du moulin

Préparation

1 Parez et lavez les poireaux et le fenouil. Coupez-les en fines rondelles. Réservez les feuilles du fenouil pour la décoration.

2 Lavez et séchez l'estragon. Détachez les feuilles des tiges, réservez-en quelques-unes pour la décoration et hachez le reste finement.

3 Faites bouillir une grande quantité d'eau, salez et faites cuire les conchiglie *al dente* selon les instructions figurant sur le paquet.

4 Entre-temps, faites chauffer le beurre dans une cocotte et faites revenir les rondelles de poireau et de fenouil environ 4 minutes. Ajoutez le pastis et la crème fraîche. Laissez mijoter la sauce 5 minutes à feu doux.

5 Coupez les filets de truite en morceaux obliques d'environ 1 cm de largeur. Ajoutez-les à la sauce avec l'estragon haché. Faites réchauffer quelques minutes. Salez et poivrez.

6 Versez les conchiglie dans une passoire et laissez-les égoutter. Mélangez-les à la sauce et décorez avec les feuilles de fenouil et d'estragon.

Voici une variante raffinée pour la sauce : remplacez le fenouil par un bouquet de roquette et un bouquet de persil plat et assaisonnez la sauce avec du jus de citron plutôt que du pastis.

Spaghetti
aux crevettes

Préparation

1 Épongez les cœurs d'artichaut sur du papier absorbant et coupez-les en quatre dans le sens de la longueur. Lavez, ébouillantez, pelez et épépinez les tomates, puis coupez-les en petits dés.

2 Rincez les crevettes et épongez-les. Parez et lavez les petits oignons, puis coupez-les en fines rondelles.

3 Faites bouillir une grande quantité d'eau, salez et faites cuire les spaghetti *al dente* selon les instructions figurant sur le paquet.

4 Entre-temps, faites chauffer l'huile dans une grande poêle et faites-y fondre les oignons. Ajoutez les crevettes et les artichauts et faites rapidement dorer. Ajoutez les dés de tomates et laissez cuire quelques minutes.

5 Incorporez le xérès, la crème fraîche et le poivre vert à la sauce. Salez et assaisonnez bien avec le poivre de Cayenne.

6 Versez les spaghetti dans une passoire et laissez-les égoutter. Mélangez-les à la sauce et décorez avec les feuilles d'estragon.

62

Pour 4 personnes

8 **cœurs d'artichaut** marinés (en conserve)

4 grosses **tomates**

250 g de **crevettes** (cuites)

3 petits **oignons** nouveaux

Sel

400 g de **spaghetti**

2 c. à s. d'**huile d'olive**

10 cl de **xérès** sec

200 g de **crème fraîche**

2 c. à s. de **grains de poivre** vert marinés

1 pointe de **poivre de Cayenne**

Quelques feuilles d'**estragon**

Pour 4 personnes

1 kg de **praires**

150 g de **tomates**

4 c. à s. d'**huile d'olive**

2 gousses d'**ail** finement hachées

400 g de **spaghettini**

Sel

1 petit bouquet de **persil** plat

Poivre du moulin

Spaghettini
aux praires

Préparation

1 Brossez et grattez les praires sous l'eau courante. Ne conservez que celles qui sont bien fermées.

2 Lavez, pelez, puis coupez les tomates en dés. Faites chauffer 2 cuillerées à soupe d'huile et faites revenir l'ail sans laisser colorer. Ajoutez les praires et laissez cuire 5 minutes à couvert jusqu'à ce qu'elles s'ouvrent. Jetez celles qui sont restées fermées. Décoquillez les praires et filtrez le jus.

3 Faites cuire les pâtes *al dente* selon les instructions figurant sur le paquet.

4 Lavez et séchez le persil, puis hachez-le finement. Faites chauffer le reste d'huile et faites revenir les tomates. Ajoutez les praires, leur jus et le persil. Faites cuire le tout pendant 3 minutes environ, salez et poivrez. Versez les spaghettini dans une passoire, laissez-les égoutter et servez-les avec la sauce aux praires.

Strozzapreti
au saumon fumé

Pour ce plat de fête, étonnez vos invités avec ces pâtes peu connues à dénicher chez un traiteur italien

Pour 4 personnes

400 g de **strozzapreti**

(ou de pennete)

Sel

1 bouquet d'**herbes** fraîches

(basilic, origan, romarin)

1 c. à s. de **beurre**

250 g de **crème fraîche**

2 c. à s. de jus de **citron**

400 g de **saumon fumé**

Poivre du moulin

Préparation

1 Faites cuire les strozzapreti *al dente* dans une grande quantité d'eau bouillante salée selon les instructions figurant sur le paquet.

2 Entre-temps, lavez les herbes, séchez-les et détachez les feuilles des tiges. Réservez quelques feuilles pour la décoration et coupez le reste en fines lanières.

3 Faites chauffer le beurre dans une poêle. Faites revenir les herbes rapidement. Ajoutez la crème fraîche et le jus de citron et laissez cuire le tout pendant environ 4 minutes.

4 Coupez le saumon en lanières et faites-le réchauffer rapidement dans la sauce. Salez et poivrez.

5 Versez les strozzapreti dans une passoire et laissez-les égoutter. Mélangez-les à la sauce et décorez avec les herbes réservées.

Pour une présentation originale, remplacez les herbes par du cresson de fontaine et décorez les pâtes de fleurs de capucine.

Pâtes fraîches
aux capucines

Un régal pour l'œil : des feuilles et des fleurs incorporées dans les pâtes
font le raffinement de cette recette

Pour 4 personnes

300 g de **farine de blé** (type 405)

3 **jaunes d'œuf** • 1 **œuf**

Sel

Quelques **fleurs** et **feuilles**

de **capucine**

200 g de filet de **saumon frais**

4 coquilles **Saint-Jacques**

6 **crevettes**

20 cl de **fumet de poisson**

200 g de **crème fraîche**

Poivre du moulin

1 dose de filaments de **safran**

1 pointe de **poivre de Cayenne**

3 c. à s. d'**huile d'olive**

2 c. à s. de **Noilly Prat**

3 c. à s. de **beurre**

Préparation

1 Pétrissez la farine, les jaunes d'œuf, l'œuf, 1 demi-cuillerée à café de sel et 1 cuillerée à soupe d'eau chaude en une pâte homogène (voir p. 8) et étalez-la en une abaisse fine à l'aide d'une machine à pâtes ou d'un rouleau fariné.

2 Recouvrez la moitié de chaque bande de pâte de fleurs et de feuilles de capucine, posez l'autre moitié par-dessus et faites passer chaque bande dans la machine à pâtes en conservant le même réglage ou étalez-la à nouveau en une abaisse fine à l'aide du rouleau. Coupez les plaques de pâte en bandes d'environ 3 cm de large, farinez-les et laissez-les reposer au moins 30 minutes.

3 Pour la sauce, coupez le saumon en dés d'environ 2 cm. Séparez le corail des noix de Saint-Jacques et coupez ces dernières en dés. Décortiquez les crevettes et ôtez le filament noir sur leur dos. Faites réduire le fumet de poisson avec la crème fraîche, le poivre, le safran et le poivre de Cayenne à feu vif jusqu'à ce qu'il épaississe.

4 Dans une poêle, faites chauffer 2 cuillerées à soupe d'huile et faites cuire les crevettes 2 minutes. Ajoutez les coquilles Saint-Jacques et les dés de saumon et faites brièvement revenir le tout. Versez le Noilly Prat, laissez cuire et versez le tout dans le fumet de poisson.

5 Faites cuire les pâtes *al dente* dans de l'eau bouillante salée à laquelle vous ajoutez une cuillerée à soupe d'huile. Versez dans une passoire et laissez égoutter. Faites mousser le beurre dans une casserole et faites-y brièvement revenir les pâtes. Mélangez-les avec la sauce et servez.

Pappardelle
à la dinde

Une sauce classique qui ravira les gourmets : du blanc de dinde braisé
avec du vin rouge et des cèpes, voici un morceau d'Italie sur notre table !

Pour 4 personnes

15 g de **cèpes** séchés

450 g de blanc de **dinde**

150 g de **foies de volaille**

1 **oignon** • 2 gousses d'**ail**

Sel • 400 g de **pappardelle**

2 c. à s. d'**huile d'olive**

1/8 l de **vin rouge**

1/4 l de **bouillon de légumes**

1 c. à s. de **double-concentré
de tomate**

4 c. à s. de **crème fraîche**

2 branches de **romarin**

1 c. à s. de **vinaigre de vin rouge**

Poivre du moulin

Préparation

1 Versez de l'eau bouillante sur les cèpes séchés placés dans un bol
et laissez-les tremper 15 minutes. Versez-les dans une passoire
en conservant l'eau de trempage.

2 Coupez les blancs de dinde en lamelles et les foies de volaille
en morceaux. Épluchez l'oignon et les gousses d'ail et hachez-les
finement.

3 Faites bouillir une grande quantité d'eau, salez et faites cuire les
pappardelle *al dente* selon les instructions figurant sur le paquet.

4 Entre-temps, faites chauffer l'huile dans une poêle. Faites revenir
la viande et les foies. Ajoutez l'oignon, l'ail et les champignons.
Laissez cuire le tout environ 3 minutes.

5 Versez le vin rouge, le bouillon et environ 1/8 l d'eau de trempage
des champignons. Ajoutez le double-concentré de tomate,
la crème fraîche et une branche de romarin et laissez mijoter
10 minutes. Assaisonnez avec le vinaigre de vin rouge, salez
et poivrez.

6 Versez les pappardelle dans une passoire et laissez-les égoutter.
Mélangez-les au ragoût de dinde après avoir ôté la branche
de romarin. Décorez avec le romarin.

Spaghetti
sauce à l'agneau

Voici une idée originale qui séduira : la douceur
de la viande d'agneau braisée combinée au craquant du pissenlit

Pour 4 personnes

400 g de **gigot d'agneau**

100 g de **bacon**

1 gros **oignon**

1 bouquet de **pissenlit** jaune

2 c. à s. d'**huile d'olive**

1 gousse d'**ail**

Sel

400 g de **spaghetti**

1/8 l de **vin blanc** sec

1/4 l de **bouillon de légumes**

Poivre du moulin

Noix muscade fraîchement râpée

1 c. à s. de **zeste de citron** râpé

150 g de **crème fraîche**

6 c. à s. de **jus de citron**

Préparation

1 Découpez l'agneau et le bacon en petits dés. Pelez l'oignon et l'ail et hachez-les finement. Lavez et essorez le pissenlit.

2 Faites chauffer l'huile dans une poêle et faites revenir les dés de viande et de bacon pendant environ 5 minutes. Réservez au chaud. À leur place, faites revenir l'ail et l'oignon dans la poêle.

3 Faites bouillir une grande quantité d'eau, salez et faites cuire les spaghetti *al dente* selon les instructions figurant sur le paquet.

4 Dans la poêle, ajoutez la viande, le vin et le bouillon. Salez, poivrez et assaisonnez avec la noix muscade et le zeste de citron. Laissez mijoter la sauce pendant environ 10 minutes.

5 Incorporez la crème fraîche et le jus de citron. Poursuivez la cuisson à feu doux pendant environ 10 minutes.

6 Versez les spaghetti dans une passoire et laissez-les égoutter. Mélangez-les avec la viande et les pissenlits et servez.

Si vous n'arrivez pas à vous procurer de pissenlit jaune, remplacez-le par de la roquette ou du cresson de fontaine.

Rotelle
au blanc de poulet

Préparation

1 Lavez le persil, réservez quelques brins et hachez le reste. Prélevez le zeste de citron et pressez 1 demi-citron.

2 Faites bouillir une grande quantité d'eau, salez et faites cuire les rotelle *al dente* selon les instructions figurant sur le paquet.

3 Entre-temps, faites dorer les blancs de poulet des deux côtés dans 2 cuillerées à soupe d'huile. Salez et poivrez. Découpez-les en lamelles.

4 Retirez la viande de la poêle. À sa place, faites revenir l'oignon et le gingembre. Ajoutez le bouillon et 1 cuillerée à soupe de jus de citron. Incorporez le mascarpone et laissez un peu réduire la sauce. Salez, poivrez et ajoutez le persil.

5 Faites frire rapidement les brins de persil dans le reste d'huile. Versez les rotelle dans une passoire et laissez-les égoutter. Mélangez les rotelle, la sauce, les blancs de poulet et le persil. Décorez avec les zestes de citron.

72

Pour 4 personnes

1 gros bouquet de **persil** plat

1 **citron**

Sel

400 g de **rotelle**

2 blancs de **poulet**

6 c. à s. d'**huile d'olive**

Poivre du moulin

1 gros **oignon** haché

1 c. à s. de **gingembre** frais haché

20 cl de **bouillon de légumes**

2 c. à s. de **mascarpone**

Pour 4 personnes

1 **échalote** • 200 g de **carottes**

1 **citron** non traité

12 petites **escalopes de veau**

(50 g chacune)

3 c. à s. d'**huile d'olive** • **Sel**

500 g de **spaghetti**

2 gousses d'**ail** épluchées

1/8 l de **vin blanc** sec

1/8 l de **bouillon de légumes**

4 c. à s. de **crème fraîche**

1 dose de filaments de **safran**

3 c. à s. de **câpres** • **Poivre** du moulin

Spaghetti
aux piccata de veau

Préparation

1 Épluchez et hachez l'échalote. Épluchez les carottes et coupez-les en bâtonnets. Lavez le citron et coupez-le en rondelles.

2 Faites chauffer l'huile et faites-y dorer les piccata de veau environ 4 minutes en les retournant une fois. Ôtez la viande et réservez-la au chaud.

3 Faites cuire les spaghetti *al dente* selon les instructions figurant sur le paquet.

4 Entre-temps, faites revenir l'échalote et les carottes dans la poêle. Ajoutez l'ail pressé et mouillez avec le vin et le bouillon. Ajoutez la crème fraîche, le safran, 2 cuillerées à soupe de câpres avec un peu de saumure et 2 tranches de citron. Couvrez et laissez mijoter la sauce pendant 6 minutes.

5 Ajoutez la viande à la sauce. Salez et poivrez. Mélangez les spaghetti égouttés à la sauce et décorez avec les câpres réservées et les tranches de citron.

Spaghetti
au jambon de Parme

Ce jambon d'Émilie-Romagne de renommée mondiale, séché à l'air
pendant 8 mois, sera un véritable délice pour tous les amateurs de cuisine italienne

Pour 4 personnes

400 g de **spaghetti**

Sel

100 g de **jambon cuit**

(en 1 morceau)

150 g d'**oignons grelots**

1 bouquet de **basilic**

3 c. à s. d'**huile d'olive**

1 gousse d'**ail**

100 g de **jambon de Parme**

(en tranches fines)

100 g de **parmesan**

Poivre du moulin

Préparation

1 Faites cuire les spaghetti *al dente* dans une grande quantité d'eau salée selon les instructions figurant sur le paquet.

2 Coupez le jambon cuit en petits dés. Épluchez les oignons grelots. Lavez le basilic, séchez-le et détachez les feuilles des tiges. Réservez 2 cuillerées à soupe de feuilles pour la décoration et coupez les autres en lanières.

3 Faites chauffer l'huile dans une sauteuse. Faites revenir les dés de jambon et les oignons pendant 6 minutes environ. Épluchez l'ail, hachez-le finement et ajoutez-le.

4 Découpez des copeaux de parmesan à l'aide d'un économe et réservez-en deux cuillerées à soupe. Versez les spaghetti dans une passoire et faites-les égoutter. Ajoutez-les dans la poêle avec le jambon de Parme et le parmesan et mélangez bien. Faites réchauffer pendant 3 à 4 minutes. Salez et poivrez.

5 Incorporez les lanières de basilic. Décorez les spaghetti au jambon avec les feuilles de basilic et le parmesan réservés.

Pappardelle
aux magrets de canard

Grillé rapidement, juteux et tendre, le meilleur du canard
est le complément idéal de cette sauce savoureuse

Pour 4 personnes

150 g d'**oignons** blancs

2 gousses d'**ail**

2 **magrets de canard**

Sel

400 g de **pappardelle**

6 c. à s. d'**huile d'olive**

500 g de **purée de tomate**

(en conserve)

20 cl de **bouillon de volaille**

Poivre du moulin

2 c. à s. de **vinaigre balsamique**

1 bouquet de **sauge**

100 g de **jambon de Parme**

(en tranches fines)

Préparation

1 Épluchez et hachez finement les oignons et les gousses d'ail.

2 Retirez la peau des magrets de canard – vous pourrez la faire griller, coupée en petits morceaux si vous le désirez – et coupez les magrets transversalement en tranches.

3 Faites bouillir une grande quantité d'eau, salez et faites cuire les pappardelle *al dente* selon les instructions figurant sur le paquet.

4 Entre-temps, faites chauffer 2 cuillerées à soupe d'huile dans une cocotte et faites dorer les tranches de magret. Ajoutez les oignons et l'ail et poursuivez la cuisson pendant environ 3 minutes.

5 Ajoutez la purée de tomate et le bouillon de volaille. Salez, poivrez, assaisonnez avec le vinaigre balsamique et amenez à ébullition.

6 Lavez la sauge, séchez-la et détachez les feuilles des tiges. Faites frire rapidement les feuilles dans 4 cuillerées à soupe d'huile. Versez les pappardelle dans une passoire et laissez-les égoutter. Dressez-les dans un plat préchauffé, avec la sauce, les tranches de jambon et les feuilles de sauge.

Si vous aimez la sauge, ajoutez-en quelques feuilles à l'eau de cuisson des pâtes. Ainsi, les pappardelle prendront leur arôme. Vous pouvez faire de même avec d'autres herbes, bien sûr.

Pappardelle
au ragoût de lièvre

Préparation

1 Coupez le lièvre en très petits morceaux et le lard en dés. Épluchez l'oignon et la gousse d'ail et hachez-les finement. Lavez la branche de céleri et coupez-la en petites rondelles. Lavez, ébouillantez, épluchez et épépinez la tomate, puis coupez-la en cubes.

2 Faites chauffer le beurre et l'huile. Faites-y revenir le lard. Ajoutez la viande de lièvre et laissez dorer. Réduisez le feu et ajoutez les légumes préparés. Salez, poivrez et assaisonnez avec le thym.

3 Versez le vin et le bouillon de viande, couvrez et laissez braiser le ragoût à feu doux pendant environ 2 heures. Goûtez et rectifiez l'assaisonnement en fin de cuisson.

4 Faites cuire les pappardelle *al dente* dans une grande quantité d'eau bouillante salée selon les instructions figurant sur le paquet. Versez les pappardelle dans une passoire, laissez-les égoutter et mélangez-les au ragoût. Décorez avec du thym frais.

78

Pour 4 personnes

400 g de **lièvre** (désossé)

50 g de **lard fumé**

1 **oignon** • 1 gousse d'**ail**

1 branche de **céleri** • 1 grosse **tomate**

1 c. à s. de **beurre**

2 c. à s. d'**huile d'olive**

Sel • **Poivre** du moulin

1/2 c. à c. de **thym** séché

10 cl de **vin blanc**

1/8 l de **bouillon de viande**

400 g de **pappardelle**

Pour 4 personnes

10 g de **cèpes** séchés • 1 **carotte**

1 **oignon** • 1 gousse d'**ail**

100 g de **lard fumé** • 250 g de **bœuf haché**

2 branches de **céleri** • 3 c. à s. de **beurre**

2 c. à s. de **double-concentré de tomate**

Sel • **Poivre** du moulin

200 g de **tomates concassées**

(en conserve)

1/8 l de **bouillon de viande**

1/8 l de **vin** • 1 c. à c. de **thym** séché

1 c. à c. d'**origan** séché

125 g de **crème fraîche** • 400 g de **macaroni**

70 g de **parmesan** frais râpé

Macaroni
à la bolognaise

Préparation

1 Versez de l'eau bouillante sur les cèpes séchés placés dans un bol et laissez-les tremper 15 minutes. Épluchez la carotte, l'oignon et l'ail. Coupez-les ainsi que le lard fumé et les branches de céleri en petits dés et faites-les revenir dans le beurre fondu. Émiettez la viande hachée et faites-la cuire portion par portion.

2 Ajoutez le concentré de tomate et les champignons égouttés et coupés en petits morceaux. Salez et poivrez.

Versez les tomates concassées, le bouillon et le vin dans la sauce. Ajoutez le thym et l'origan. Amenez à ébullition, puis couvrez et laissez mijoter à feu doux.

3 Faites cuire les macaroni *al dente* dans une grande quantité d'eau bouillante salée selon les instructions figurant sur le paquet. Versez-les dans une passoire et laissez-les égoutter. Servez-les avec la sauce et le parmesan.

Pâtes farcies
ou gratinées

Pâtes farcies

aux crevettes

Une recette originale et raffinée : des pâtes remplies de légumes
et couronnées de crevettes

Pour 4 personnes

8 à 10 plaques de **lasagne**

Sel

1 c. à s. d'**huile d'olive**

12 **gambas** (cuites)

Jus de 2 **citrons verts**

1 bouquet d'**aneth**

1 bouquet de petits **oignons**

800 g de **courgettes**

1 c. à s. de **beurre**

Poivre du moulin

Beurre pour le plat

150 g de **crème**

125 g de **fromage frais**

double crème

2 **œufs**

Préparation

1 Faites cuire environ 6 minutes les plaques de lasagne dans une grande quantité d'eau bouillante salée additionnée de 1 cuillerée à soupe d'huile (même les lasagne ne nécessitant pas de cuisson préalable). Retirez une à une les plaques de lasagne de l'eau à l'aide d'une écumoire et posez-les dans un plat contenant de l'eau froide afin qu'elles ne collent pas les unes aux autres.

2 Entre-temps, rincez et épongez les crevettes. Arrosez-les de jus de citron, couvrez-les et mettez-les au réfrigérateur. Lavez, séchez et hachez finement l'aneth. Nettoyez les petits oignons blancs, lavez-les et coupez-les en rondelles. Nettoyez et lavez les courgettes, puis râpez-les grossièrement à l'aide d'une râpe.

3 Faites chauffer le beurre dans une poêle et faites revenir les courgettes 1 minute environ. Ôtez-les tout de suite de la poêle et mélangez-les à l'aneth haché et aux rondelles d'oignons.

4 Versez le jus de citron des crevettes dans les légumes. Salez et poivrez les crevettes et les légumes.

5 Préchauffez le four à 175 °C. Retirez les plaques de lasagne de l'eau, épongez-les et pliez-les en deux dans le sens de la longueur. Posez-les l'une à côté de l'autre avec l'ouverture vers le haut dans un plat à gratin beurré.

6 Remplissez les pâtes de légumes et couronnez-les avec les crevettes. Battez la crème, le fromage frais et les œufs. Salez et poivrez. Versez le mélange crème-œufs sur les pâtes, enfournez à mi-hauteur et faites cuire 20 minutes environ.

Lasagne aux épinards
à la sauce tomate

Voici un classique de la cuisine végétarienne :
un des plats gratinés favoris, croustillant et délicieux

Pour 4 personnes

1 échalote

2 gousses d'ail

3 c. à s. d'huile d'olive

3 c. à s. de tomates séchées

finement hachées (à l'huile)

1 boîte de tomates pelées (400 g)

5 cl de vin blanc sec

Sel • Poivre du moulin

200 g de jeunes épinards

500 g de ricotta

Noix muscade fraîchement râpée

25 g de beurre

25 g de farine • 30 cl de lait

50 g de parmesan

fraîchement râpé

250 g de lasagne

150 g de mozzarella (en tranches)

Préparation

1 Épluchez l'échalote et les gousses d'ail et hachez-les finement.
Faites chauffer 2 cuillerées à soupe d'huile dans une grande poêle
et faites revenir l'ail, l'échalote et les tomates séchées hachées.

2 Ajoutez les tomates en boîte avec leur jus et le vin. Écrasez
les tomates avec une fourchette. Laissez réduire à feu moyen en
une sauce épaisse pendant 10 minutes environ. Salez et poivrez
bien.

3 Nettoyez et lavez les épinards, puis faites-les rapidement blanchir
dans de l'eau bouillante salée. Versez-les dans une passoire,
pressez-les bien pour en extraire l'eau et hachez-les. Dans un plat,
mélangez les épinards avec la ricotta. Salez, poivrez
et relevez avec la noix muscade.

4 Préchauffez le four à 180 °C. Pour la sauce au fromage, faites
fondre le beurre dans une petite casserole, ajoutez la farine
et tournez vivement pour obtenir un roux lisse sans coloration.
Versez peu à peu le lait en remuant constamment. Incorporez
le parmesan et laissez mijoter la sauce à feu doux pendant
10 minutes environ.

5 Graissez un plat allant au four avec une cuillerée à soupe d'huile.
Recouvrez d'abord le fond de plaques de lasagne et badigeonnez-
les de sauce tomate. Posez une nouvelle couche de lasagne et
répartissez dessus la farce à la ricotta et aux épinards. Poursuivez
dans cet ordre jusqu'à épuisement des ingrédients. Versez la sauce
au fromage et recouvrez de tranches de mozzarella. Enfournez
les lasagne à mi-hauteur et faites-les gratiner environ 60 minutes.

Ravioli farcis
aux pommes de terre et à la menthe

Préparation

1 Pétrissez la farine, les œufs, le sel et un peu d'eau en une pâte homogène (voir p. 8) et laissez-la reposer. Pour la farce, faites cuire à l'eau les pommes de terre avec leur peau. Versez-les dans une passoire, laissez-les égoutter, pelez-les et écrasez-les encore chaudes avec un presse-purée.

2 Lavez, séchez et hachez les feuilles de menthe. Épluchez et hachez la gousse d'ail. Mélangez les pommes de terre écrasées avec la ricotta, la menthe et l'ail. Salez et poivrez.

3 Abaissez la pâte finement sur le plan de travail fariné. Recouvrez une moitié de l'abaisse de petits tas de farce espacés d'environ 6 cm. Rabattez l'autre moitié de l'abaisse par-dessus et pressez entre les tas de farce pour former les ravioli.

4 Découpez-les à l'aide d'une roulette. Pressez bien les bords (voir p. 9). Faites-les cuire 4 minutes dans une grande quantité d'eau bouillante salée. Égouttez-les et servez-les arrosés de beurre fondu et de pecorino râpé.

Pour 4 à 6 personnes

400 g de **farine de blé** (type 405)

4 **œufs**

Sel

400 g de **pommes de terre**

Environ 50 feuilles de **menthe fraîche**

1 gousse d'**ail**

300 g de **ricotta**

Poivre du moulin

75 g de **beurre**

60 g de **pecorino** fraîchement râpé

Pour 4 à 6 personnes

400 g de **farine de blé** (type 405)

6 œufs

Sel

300 g de **bettes**

2 gousses d'**ail** épluchées

100 g de **pecorino** fraîchement râpé

Poivre du moulin

100 g de **noix** décortiquées

3 c. à s. de **pignons**

1 petit bouquet de **persil** à feuilles plates

50 g de **ricotta**

2 c. à s. d'**huile d'olive**

Pâtes fraîches
farcies aux bettes

Préparation

1 Pétrissez la farine, 4 œufs, le sel et un peu d'eau en une pâte homogène (voir p. 8) et laissez-la reposer.

2 Parez et lavez les bettes, faites-les rapidement blanchir et hachez-les finement. Incorporez une gousse d'ail hachée, 2 œufs et le pecorino. Salez et poivrez.

3 Faites griller les noix et les pignons dans une poêle à sec. Écrasez les noix, les pignons, le persil et la deuxième gousse d'ail avec un peu de sel dans un mortier. Mélangez la pâte obtenue avec la ricotta écrasée et l'huile. Salez.

4 Abaissez la pâte finement sur le plan de travail fariné. Coupez l'abaisse en triangles d'environ 8 cm de côté. Posez un peu de farce sur chaque triangle et pressez les bords. Faites cuire les pâtes 4 minutes dans une grande quantité d'eau bouillante salée. Allongez la sauce avec 2 cuillerées à soupe d'eau de cuisson et servez.

Conchiglione
farcis aux asperges

Voici un repas de fête : de grosses pâtes en forme de coquillages
remplies d'une farce savoureuse faite de blanc de poulet et d'asperges

Pour 2 personnes

250 g de **conchiglione** • **Sel**

250 g d'**asperges blanches**

Sucre

150 g de **blanc de poulet**

2 **échalotes**

1 bouquet de **persil**
à feuilles plates

1 boule de **mozzarella**
(environ 125 g)

1 **jaune d'œuf**

2 c. à s. de **chapelure**

Poivre du moulin

Beurre pour le plat

10 cl de **vin blanc** sec

2 c. à s. de **crème**

50 g de **pecorino** fraîchement râpé

2 c. à c. de **beurre**

Préparation

1   Faites cuire les conchiglione al dente dans une grande quantité
d'eau bouillante salée selon les instructions figurant sur le paquet.
Versez dans une passoire, rincez à l'eau froide et laissez égoutter.

2   Lavez les asperges, coupez leur extrémité dure et épluchez-les.
Faites-les cuire avec une pincée de sucre dans une grande quantité
d'eau bouillante salée pendant 15 minutes environ afin qu'elles
restent croquantes. Égouttez-les et coupez-les en rondelles
obliques.

3   Coupez le blanc de poulet en petits dés. Pelez et épluchez
les échalotes. Lavez et séchez le persil, détachez les feuilles
des tiges et hachez-les finement. Coupez la mozzarella en petits
dés.

4   Préchauffez le four à 200 °C. Mélangez les rondelles d'asperges
avec la viande, la mozzarella, les échalotes, le persil, le jaune
d'œuf et la chapelure. Salez et poivrez bien.

5   Remplissez les conchiglione de farce à l'aide d'une cuillère
et posez-les côte à côte dans un plat beurré allant au four.
Mélangez le vin à la crème et versez dans le plat. Parsemez les
pâtes de pecorino et de quelques noisettes de beurre.
Faites gratiner les conchiglione environ 35 minutes à mi-hauteur
jusqu'à ce qu'ils soient bien dorés.

Nids de spaghetti
en papillotes

Surprise sur l'assiette : cuits en papillotes, les spaghetti
à la sauce tomate piquante ont un goût incomparable

Pour 4 personnes

1 gousse d'**ail**

4 c. à s. d'**huile d'olive**

240 g de **tomates** pelées

(en conserve)

Sel • **Poivre** du moulin

400 g de **spaghetti**

500 g de **tomates**

1 bouquet de **persil**

à feuilles plates

50 g d'**olives** noires dénoyautées

8 tranches de **pancetta**

8 filets d'**anchois** (à l'huile)

50 g de **parmesan** frais

en copeaux

Préparation

1 Épluchez l'ail et hachez-le finement. Faites chauffer 2 cuillerées
à soupe d'huile dans une poêle. Faites-y fondre l'ail sans laisser
colorer, puis retirez l'ail de la poêle. Faites mijoter 10 minutes
les tomates en boîte sans leur jus dans l'huile utilisée pour l'ail,
puis réduisez-les en purée avec un mixer. Salez et poivrez bien
et laissez réduire encore 10 minutes. Préchauffez le four à 200 °C.

2 Faites cuire les spaghetti *al dente* dans une grande quantité d'eau
bouillante salée selon les instructions figurant sur le paquet.

3 Entre-temps, lavez, ébouillantez, pelez et épépinez les tomates,
puis coupez-les en petits dés. Lavez, séchez et hachez le persil.
Coupez les olives en tranches.

4 Versez les spaghetti dans une passoire et laissez-les égoutter.
Mélangez-les avec la sauce tomate, les dés de tomate, les olives
et 1 cuillerée à soupe de persil. Badigeonnez 8 feuilles de papier
sulfurisé (environ 25 × 25 cm) avec l'huile restante.

5 Formez les spaghetti en 8 nids et posez-les au milieu de chaque carré
de papier. Posez 1 tranche de pancetta, 1 filet d'anchois et un peu
de persil sur chaque nid. Repliez le papier et fermez les papillotes.

6 Posez les papillotes sur la plaque du four, enfournez-les à mi-hauteur
et faites-les cuire environ 15 minutes. Présentez les papillotes
ouvertes après avoir parsemé les nids de copeaux de parmesan.

Rouleaux de lasagne
à la ricotta et au jambon

Préparation

1 Faites cuire les lasagne à point dans une grande quantité d'eau bouillante salée additionnée de 1 cuillerée à soupe d'huile (même les lasagne ne nécessitant pas de cuisson préalable). Retirez-les une à une de l'eau à l'aide d'une écumoire et posez-les dans un plat contenant de l'eau froide. Préchauffez le four à 180 °C.

2 Lavez la roquette, épluchez l'oignon et l'ail, et hachez-les finement. Faites chauffer une cuillerée à soupe d'huile et faites fondre l'oignon et l'ail sans laisser colorer.

Mélangez l'oignon et l'ail avec la roquette, la ricotta, les œufs, le jambon et 100 g de parmesan. Salez, poivrez et relevez avec la muscade.

3 Faites égoutter les plaques de lasagne et recouvrez-les d'une fine couche du mélange. Roulez-les sur leur petit côté et coupez-les en trois. Posez les rouleaux de lasagne dans un plat beurré, parsemez avec le parmesan restant et des noisettes de beurre. Enfournez à mi-hauteur et faites dorer pendant 15 minutes environ.

Pour 4 personnes

8 plaques de **lasagne** • **Sel**

2 c. à s. d'**huile**

1 bouquet de **roquette**

1 **oignon** • 2 gousses d'**ail**

400 g de **ricotta**

2 **œufs**

200 g de **jambon cuit** (coupé en dés)

150 g de **parmesan** fraîchement râpé

Poivre du moulin

Noix de **muscade** fraîchement râpé

2 c. à s. de **beurre**

Pour 4 personnes

Environ 6 **poireaux** fins

Sel • **Poivre** du moulin

Noix muscade fraîchement râpée

16 **cannelloni** (sans cuisson préalable)

2 c. à s. d'**huile d'olive**

1 c. à s. de **concentré de tomate**

480 g de **tomates pelées** (en conserve)

1 c. à s. d'**origan séché**

Sucre

Beurre pour le plat

200 g de **fromage de chèvre**

150 g de **crème fraîche**

Cannelloni
farcis aux poireaux

Préparation

1 Nettoyez, lavez les poireaux et coupez-les en 16 morceaux de même longueur que les cannelloni. Faites-les blanchir dans de l'eau bouillante salée puis égouttez-les. Salez, poivrez et relevez avec de la noix muscade. Insérez les morceaux de poireaux dans les cannelloni.

2 Faites chauffer l'huile et faites-y revenir le concentré de tomate, les tomates en conserve sans leur jus et l'origan. Laissez réduire 20 minutes environ. Salez, poivrez et ajoutez un peu de sucre.

3 Préchauffez le four à 200 °C. Versez la sauce tomate dans un plat beurré allant au four et posez les cannelloni dessus.

4 Émiettez grossièrement le fromage. Mélangez-le à la crème fraîche, salez, poivrez et versez sur les cannelloni. Enfournez les cannelloni à mi-hauteur et laissez-les gratiner pendant 35 minutes environ. Allumez éventuellement le gril du four pendant les 3 dernières minutes pour bien dorer.

Cannelloni
farcis aux légumes

Un succulent mélange de petits légumes, d'herbes et de fromage
renouvelle la recette classique des cannelloni

Pour 4 personnes

400 g de **tomates**

1 **oignon**

1/2 **carotte**

1/2 branche de **céleri**

6 c. à s. d'**huile d'olive**

1 c. à s. de **thym** séché

Sel • **Poivre** du moulin

1 **aubergine**

2 petites **courgettes**

1 gousse d'**ail** • 1 **piment** rouge

1 c. à s. d'**origan** séché

300 g de **fromage de chèvre**

Noix muscade fraîchement râpée

24 **cannelloni**

(sans cuisson préalable)

Beurre pour le plat

60 g de **pecorino** fraîchement râpé

2 c. à s. de **beurre**

94

Préparation

1 Pour la sauce tomate, lavez, ébouillantez, pelez et épépinez
les tomates, puis coupez-les en petits dés. Épluchez l'oignon
et la carotte et coupez-les en petits dés. Lavez la branche
de céleri et coupez-la également en petits dés.

2 Faites chauffer 3 cuillerées à soupe d'huile dans une cocotte
et faites-y revenir les légumes à l'exception des tomates. Ajoutez
les tomates et 1 cuillerée à café de thym. Salez, poivrez, couvrez
et laissez mijoter 20 minutes environ.

3 Pour la farce, lavez l'aubergine et les courgettes et coupez-les
en petits dés. Épluchez la gousse d'ail et hachez-la finement.
Coupez le piment en deux, épépinez-le, lavez-le et hachez-le.

4 Faites chauffer le restant d'huile et faites dorer les dés
d'aubergine et de courgettes, l'ail et le piment. Salez, poivrez,
assaisonnez avec une cuillerée à café de thym et l'origan et laissez
un peu refroidir. Émiettez grossièrement le fromage de chèvre
et incorporez-le. Préchauffez le four à 220 °C.

5 Garnissez les cannelloni de 2 à 3 cuillerées à soupe de farce
aux légumes et au fromage et posez-les en couches dans un plat
beurré allant au four. Versez la sauce tomate par-dessus. Parsemez
les cannelloni de pecorino et de noisettes de beurre. Enfournez
à mi-hauteur et laissez gratiner pendant 30 minutes environ.

Index des recettes

Crédits photographiques

© Verlag Zabert Sandmann GmbH, Munich,
pour l'édition originale
© 2003, Éditions Solar, Paris, pour la version française

Conception graphique : Georg Feigl, Verena Fleischmann, Barbara Markwitz
PAO : Katharina Wiethaus
Recettes : Éditions Zabert Sandmann
Textes : Kathrin Ullerich
Fabrication : Karin Mayer, Peter Karg-Cordes

Titre original : *Pasta*
Traduction : Anne Rambosson
Secrétaire d'édition : Catherine Pelché
Composition : *CMB* Graphic

Walter Cimbal : 83, 89, 91, 92, 93 ; StockFood/Uwe Bender : 28-29, 37 ; StockFood/Caggiano Photography : 85 ; StockFood/Susie Eising : 2-3, 4-5, 7/2e et 4e en haut à gauche, 7/en bas à droite, 8, 9, 13, 15, 19, 21, 23, 25, 27, 31, 33, 34, 35, 39, 41, 43, 44, 45, 47, 49, 50, 51, 53, 55, 56-57, 59, 61, 62, 63, 65, 66-67, 69, 71, 72, 73, 75, 77, 78, 79, 80-81, 86, 87, 95 ; StockFood/S. & P. Eising : 6/droite, 7/en haut à gauche et à droite, 10-11, 24 ; StockFood/Walter Pfisterer : 6/gauche, 7/3e en haut à gauche ; StockFood/Elizabeth Watt : 16, 17, 40

ISBN : 2-263-03401-3
Code éditeur : S03401
Dépôt légal : DÉCEMBRE 2002
Imprimé en Italie par
Officine Grafiche De Agostini, Novara